DESENHO
passo a passo

Veículos

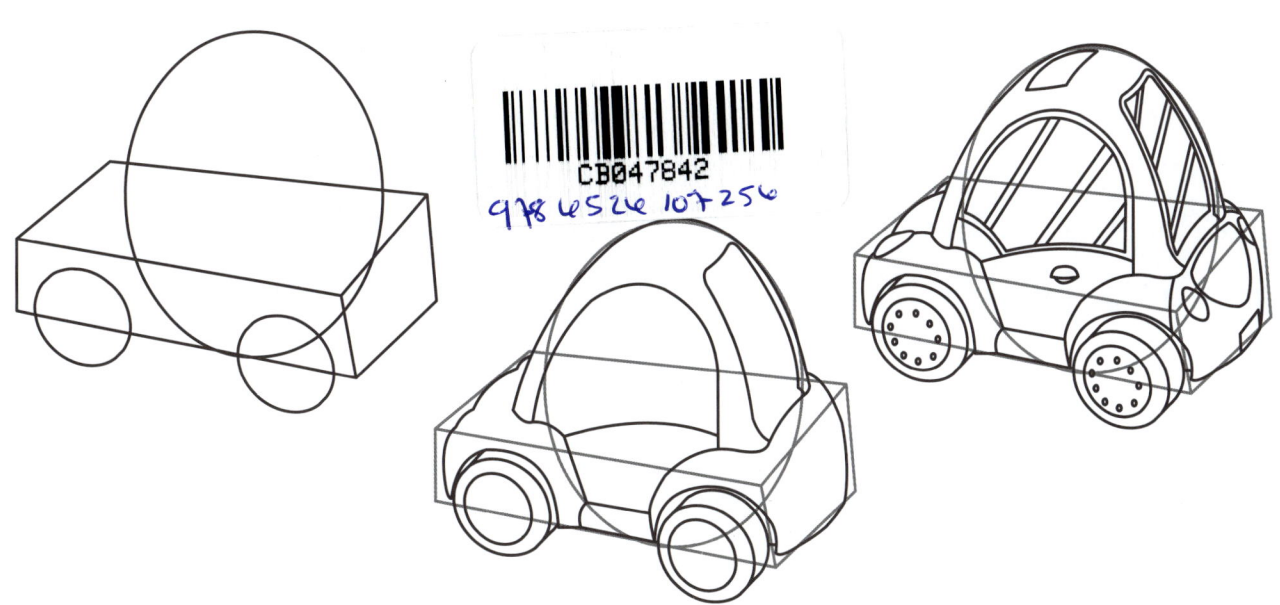

TRATOR

1

DESENHE UM RETÂNGULO PARA MARCAR O ESCAPAMENTO.

DESENHE OUTRO RETÂNGULO PARA O MOTOR.

DESENHE UM QUADRADO PARA MARCAR A CABINE.

DESENHE DOIS CÍRCULOS PARA AS RODAS.

DESENHE AS FORMAS QUE FALTAM E JUNTE TODAS COM UM TRAÇO.

SABIA QUE **TRATOR** SIGNIFICA "PUXAR"? TRATA-SE DE UM VEÍCULO PRÓPRIO PARA ARRASTAR OU PUXAR REBOQUES, FERRAMENTAS E OUTRAS MÁQUINAS OU CARGAS PESADAS. OS PRIMEIROS TRATORES ERAM MOVIDOS A VAPOR.

DESENHE AS RODAS COMO SE FOSSEM O PARAPEITO DE UM CASTELO, SÓ QUE CIRCULAR.

2

CONTORNE AS LINHAS FEITAS PARA DAR FORMA À CABINE, AO MOTOR E AO ESCAPAMENTO.

DESENHE OS DETALHES:
FARÓIS, RODAS E JANELAS.

APAGUE AS LINHAS-GUIAS DO DESENHO.

DESENHE O **TRATOR** E, DEPOIS, PINTE-O.

OS **TRATORES** SÃO DESTINADOS A DIFERENTES TAREFAS, COMO AGRICULTURA, CONSTRUÇÃO E ATERRO. ELES SUBSTITUEM O TRABALHO DE ANIMAIS, COMO BURROS, BOIS OU MULAS.

CAMINHÃO (1)

1 DESENHE UM QUADRADO PARA MARCAR A CABINE.

DESENHE UM RETÂNGULO PARA A CAÇAMBA DO CAMINHÃO.

JUNTE TODAS AS FORMAS COM UM TRAÇO.

DESENHE DOIS CÍRCULOS PARA AS RODAS.

2 CONTORNE AS LINHAS FEITAS PARA DAR FORMA À CABINE E À CAÇAMBA DO CAMINHÃO.

DESENHE AS RODAS E A JANELA.

O **CAMINHÃO** É UM VEÍCULO COM QUATRO OU MAIS RODAS, UTILIZADO PARA TRANSPORTAR CARGAS PESADAS. EXISTEM CAMINHÕES DE TODOS OS TIPOS E TAMANHOS: PEQUENOS, MÉDIOS E BEM GRANDES, QUE MUITAS VEZES SÃO CHAMADOS DE "CARRETAS".

OS **CAMINHÕES** PODEM TER FORMATOS SIMPLES, COMO OS DE UMA CAIXA, OU POSSUIR CARACTERÍSTICAS ADEQUADAS AO MATERIAL A SER TRANSPORTADO, COMO CILINDRO, POR EXEMPLO.

4

DESENHE O **CAMINHÃO** E, DEPOIS, PINTE-O.

3

DESENHE OS DETALHES DOS FARÓIS, DAS RODAS, DA CAÇAMBA E DAS JANELAS.

APAGUE AS LINHAS-GUIAS DO DESENHO.

AVIÃO

1

DESENHE DOIS CÍRCULOS PARA A CABINE.

DESENHE TRÊS FORMAS OVAIS PARA MARCAR A FUSELAGEM, A ASA E A CAUDA DO AVIÃO.

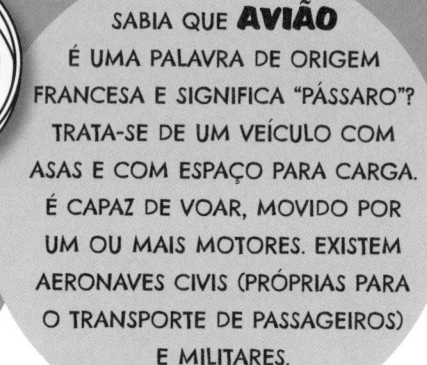

DESENHE UM CÍRCULO PARA O MOTOR.

SABIA QUE **AVIÃO** É UMA PALAVRA DE ORIGEM FRANCESA E SIGNIFICA "PÁSSARO"? TRATA-SE DE UM VEÍCULO COM ASAS E COM ESPAÇO PARA CARGA. É CAPAZ DE VOAR, MOVIDO POR UM OU MAIS MOTORES. EXISTEM AERONAVES CIVIS (PRÓPRIAS PARA O TRANSPORTE DE PASSAGEIROS) E MILITARES.

JUNTE TODAS AS FORMAS COM UM TRAÇO.

2

CONTORNE AS LINHAS FEITAS PARA DAR FORMA À CABINE, À FUSELAGEM E À ASA.

DESENHE AS JANELAS.

3 DESENHE OS DETALHES DAS JANELAS, DO MOTOR E DAS ASAS.

APAGUE AS LINHAS-GUIAS DO DESENHO.

4 DESENHE O **AVIÃO** E, DEPOIS, PINTE-O.

OS IRMÃOS WRIGHT FICARAM FAMOSOS, EM 1903, POR REALIZAREM O PRIMEIRO VOO CONTROLADO EM UM **AVIÃO**.

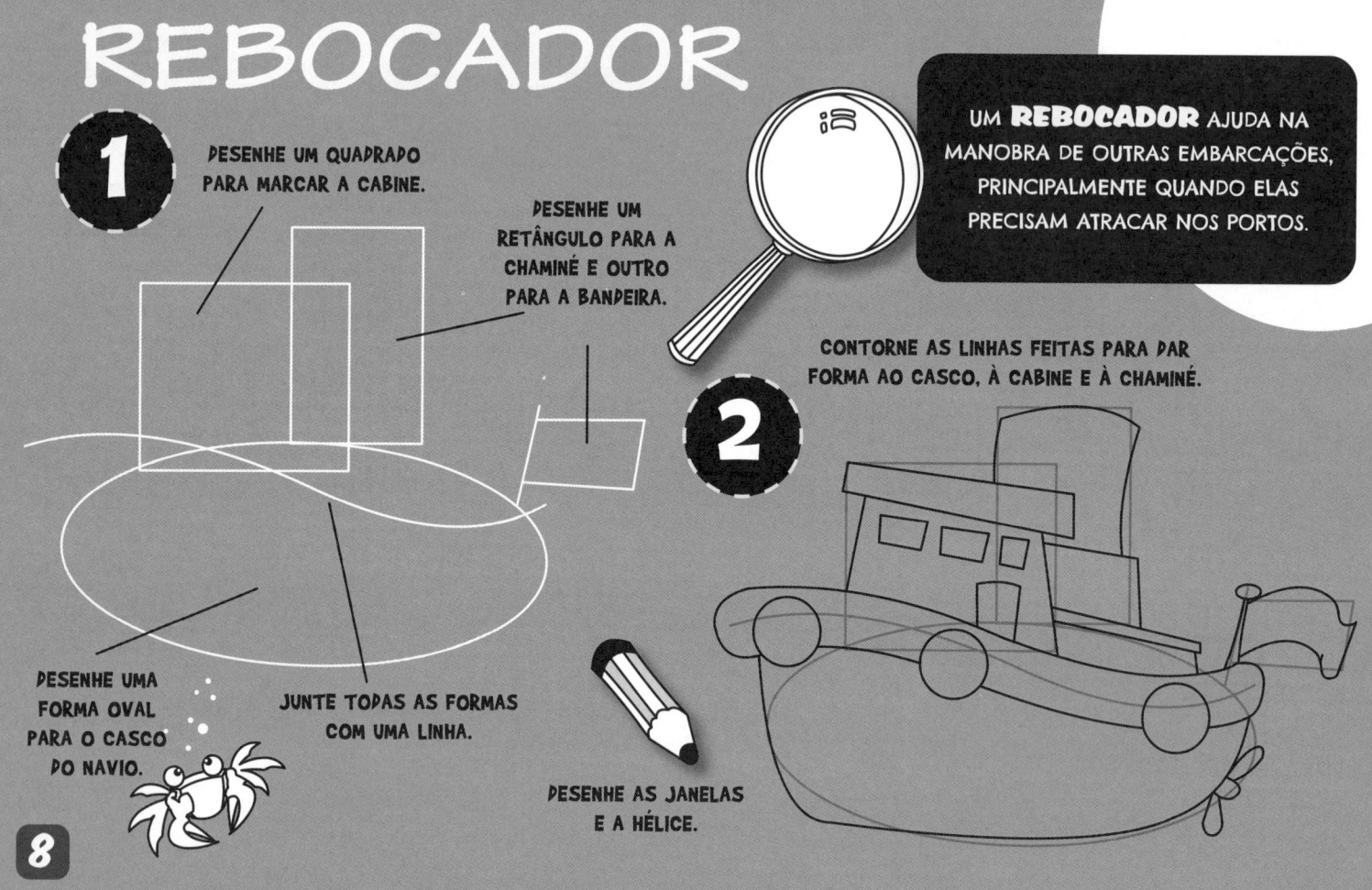

APAGUE AS LINHAS-GUIAS DO DESENHO.

4 DESENHE O **REBOCADOR** E, DEPOIS, PINTE-O.

3 DESENHE OS DETALHES.

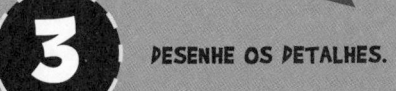

OS **REBOCADORES** SÃO MUITO FORTES PARA O SEU TAMANHO. OS PRIMEIROS MODELOS SE MOVIAM COM MOTOR A VAPOR; HOJE, ELES FUNCIONAM COM GASOLINA.

CARRO (1)

1 — DESENHE UMA FORMA OVAL PARA MARCAR A ESTRUTURA DO CARRO.

JUNTE TODAS AS FORMAS COM UMA LINHA.

DESENHE CÍRCULOS PARA AS RODAS.

SABIA QUE A PALAVRA **CARRO** VEM DO LATIM, *CARRUM*? ORIGINALMENTE, O NOME ERA DADO A UM VEÍCULO DE GUERRA ANTIGO, QUE POSSUÍA DUAS RODAS. TRATA-SE DE UM VEÍCULO AUTOMOTOR DE PEQUENO OU MÉDIO PORTE, DESTINADO AO TRANSPORTE DE PESSOAS.

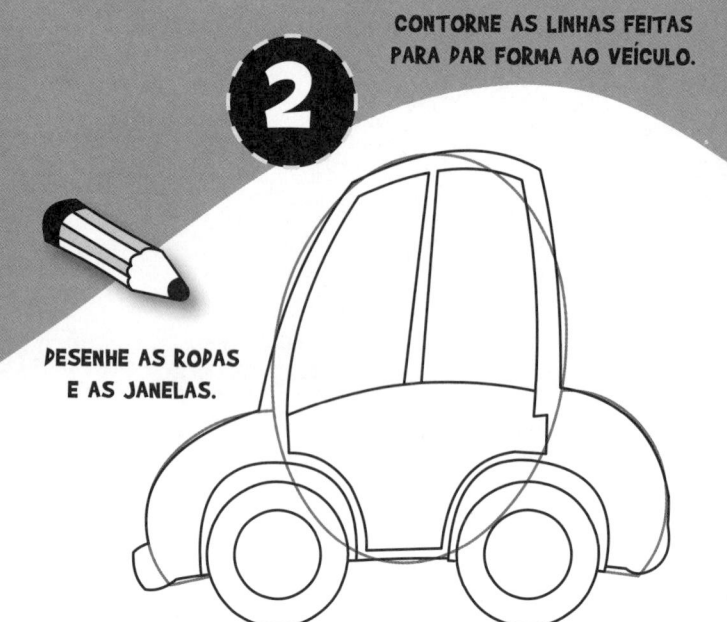

2 — CONTORNE AS LINHAS FEITAS PARA DAR FORMA AO VEÍCULO.

DESENHE AS RODAS E AS JANELAS.

ÔNIBUS

1 DESENHE DOIS RETÂNGULOS: UM PARA A CARROCERIA DO ÔNIBUS E OUTRO PARA O MOTOR.

2 CONTORNE AS LINHAS FEITAS PARA DAR FORMA À CABINE E AO MOTOR.

DESENHE AS RODAS E AS JANELAS.

DESENHE DOIS CÍRCULOS PARA AS RODAS.

O **ÔNIBUS** É UM VEÍCULO DESTINADO AO TRANSPORTE DE INÚMERAS PESSOAS NAS VIAS URBANAS. EM PARIS, NA FRANÇA, O PRIMEIRO SERVIÇO DE TRANSPORTE PÚBLICO OCORREU EM 1662.

3

DESENHE OS DETALHES: FARÓIS, RODAS, PARA-CHOQUES E JANELAS.

APAGUE AS LINHAS-GUIAS DO DESENHO.

4

DESENHE O **ÔNIBUS** E, DEPOIS, PINTE-O.

A PALAVRA **ÔNIBUS** VEM DO LATIM, *OMNIBUS*, CUJO SIGNIFICADO É "PARA TODOS", O QUE FAZ TODO SENTIDO CONSIDERANDO O OBJETIVO DESSE MEIO DE TRANSPORTE, CERTO?

CARRO (2)

1

DESENHE UM CÍRCULO PARA MARCAR A CABINE.

DESENHE VÁRIOS RETÂNGULOS PARA A CARROCERIA DO CARRO.

DESENHE DOIS CÍRCULOS PARA AS RODAS.

JUNTE TODAS AS FORMAS COM UM TRAÇO.

2

CONTORNE AS LINHAS FEITAS PARA DAR FORMA AO VEÍCULO.

DESENHE AS RODAS E AS JANELAS.

A HISTÓRIA DO **CARRO** OU **AUTOMÓVEL** É BEM ANTIGA. DIZ-SE QUE O PRIMEIRO VEÍCULO A VAPOR (1769) FOI O "FARDIER", CRIADO POR NICHOLAS CUGNOT, MAS ERA MUITO PESADO E BARULHENTO.

O PRIMEIRO **AUTOMÓVEL** EQUIPADO COM UM RÁDIO DATA DE 1922.

4
DESENHE O **CARRO** E, DEPOIS, PINTE-O.

3
DESENHE OS DETALHES: FARÓIS, RODAS, PORTA, PORTA-MALAS E JANELAS.

APAGUE AS LINHAS-GUIAS DO DESENHO.

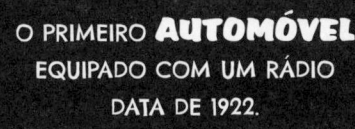

CAMINHÃO (2)

OS **CAMINHÕES** SÃO UTILIZADOS PARA TRANSPORTAR MATERIAIS EM GERAL. COSTUMAM TER UMA CAÇAMBA MÓVEL, QUE É PRÓPRIA PARA DESCARREGAR. SÃO FREQUENTEMENTE USADOS NO RAMO DA CONSTRUÇÃO E MINERAÇÃO.

1

DESENHE UM RETÂNGULO PARA A CABINE.

DESENHE UM TRAPÉZIO PARA A CAÇAMBA.

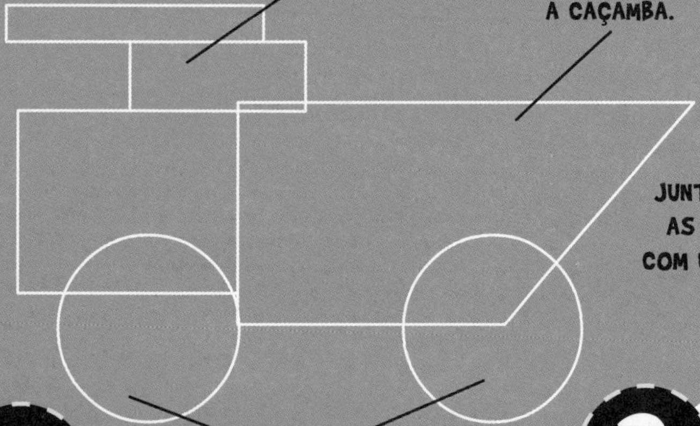

JUNTE TODAS AS FORMAS COM UM TRAÇO.

DESENHE DOIS CÍRCULOS PARA AS RODAS.

2

CONTORNE AS LINHAS FEITAS PARA DAR FORMA À CABINE E À CAÇAMBA.

DESENHE AS RODAS E A JANELA.

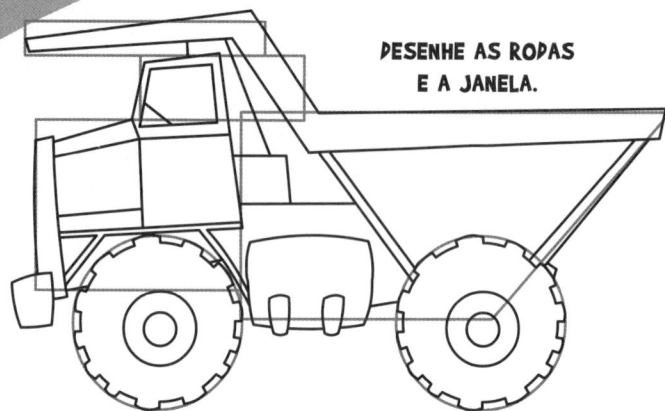

MUITAS VEZES,
O **CAMINHÃO** É UTILIZADO EM SERVIÇOS URBANOS OU RURAIS, OU SEJA, PARA FAZER A COLETA DE LIXO OU TAREFAS DE LIMPEZA EM FAZENDAS OU TERRENOS.

APAGUE AS LINHAS-GUIAS DO DESENHO.

3

DESENHE OS DETALHES: FARÓIS, RODAS, CAÇAMBA, ESCADA, VOLANTE E JANELAS.

4

DESENHE O **CAMINHÃO** E, DEPOIS, PINTE-O.

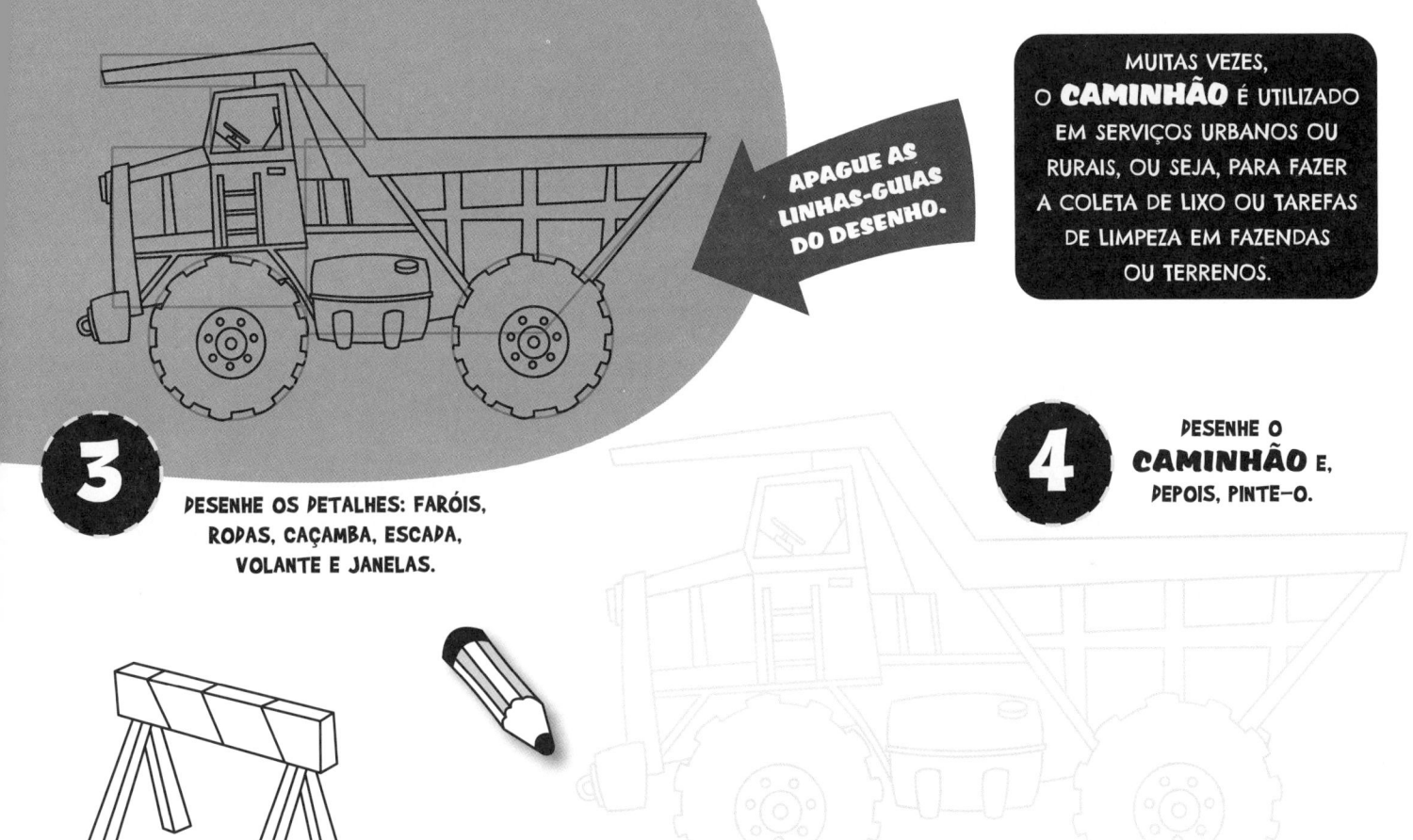

FOGUETE

1

DESENHE UMA FORMA OVAL PARA A FUSELAGEM.

TRACE DUAS LINHAS PARA MARCAR AS ASAS.

DESENHE CÍRCULOS PARA A FUMAÇA.

JUNTE TODAS AS FORMAS COM UM TRAÇO.

2 CONTORNE AS LINHAS FEITAS PARA DAR FORMA À FUSELAGEM E À FUMAÇA.

DESENHE AS ASAS E AS JANELAS.

SABIA QUE A PALAVRA **FOGUETE** VEM DO ESPANHOL, *COHETE*, E DO CATALÃO *COET*? A PALAVRA É DEFINIDA COMO "UM ARTEFATO QUE SE MOVE PELO ESPAÇO POR PROPULSÃO A JATO".

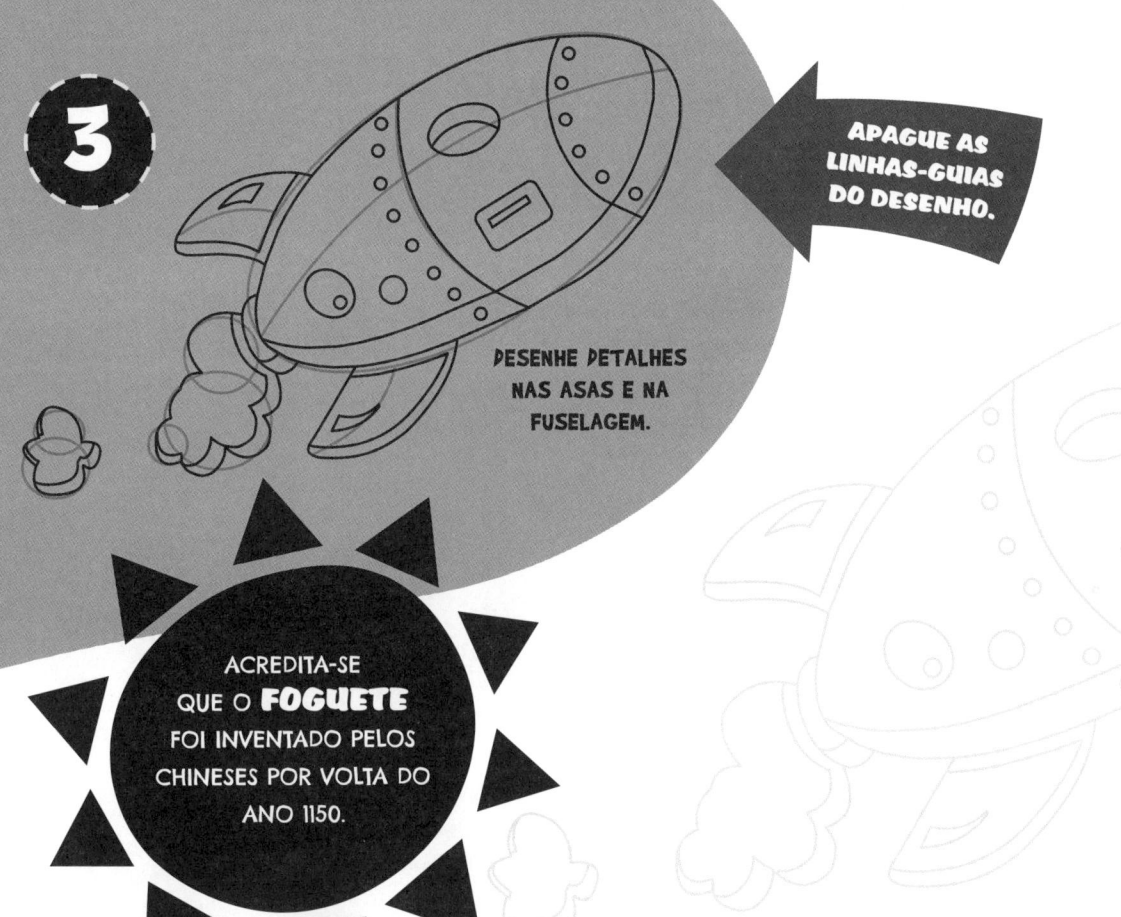

3 DESENHE DETALHES NAS ASAS E NA FUSELAGEM.

APAGUE AS LINHAS-GUIAS DO DESENHO.

4 DESENHE O **FOGUETE** E, DEPOIS, PINTE-O.

ACREDITA-SE QUE O **FOGUETE** FOI INVENTADO PELOS CHINESES POR VOLTA DO ANO 1150.

VELEIRO

1

TRACE UMA LINHA PARA OS MASTROS.

DESENHE UM QUADRADO E UM TRIÂNGULO PARA MARCAR AS VELAS.

JUNTE TODAS AS FORMAS COM UM TRAÇO.

DESENHE UM RETÂNGULO PARA O CASCO.

2

CONTORNE AS LINHAS FEITAS PARA DAR FORMA AO CASCO E ÀS VELAS.

DESENHE OS MASTROS E AS ESCOTILHAS.

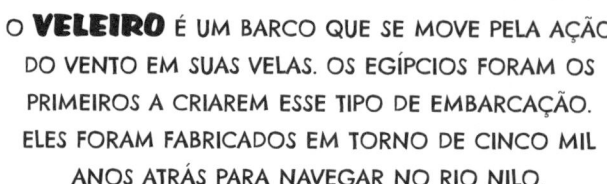

O **VELEIRO** É UM BARCO QUE SE MOVE PELA AÇÃO DO VENTO EM SUAS VELAS. OS EGÍPCIOS FORAM OS PRIMEIROS A CRIAREM ESSE TIPO DE EMBARCAÇÃO. ELES FORAM FABRICADOS EM TORNO DE CINCO MIL ANOS ATRÁS PARA NAVEGAR NO RIO NILO.

OS **VELEIROS** FORAM O PRIMEIRO MEIO DE TRANSPORTE A PERCORRER LONGAS DISTÂNCIAS NA ÁGUA. AOS POUCOS, FORAM SENDO SUBSTITUÍDOS POR BARCOS A VAPOR. POR ISSO, AGORA SÃO DESTINADOS PARA USO RECREATIVO OU ESPORTIVO.

4

DESENHE O **VELEIRO** E, DEPOIS, PINTE-O.

3

DESENHE OS DETALHES: LEME, CASCO E MASTROS.

APAGUE AS LINHAS-GUIAS DO DESENHO.

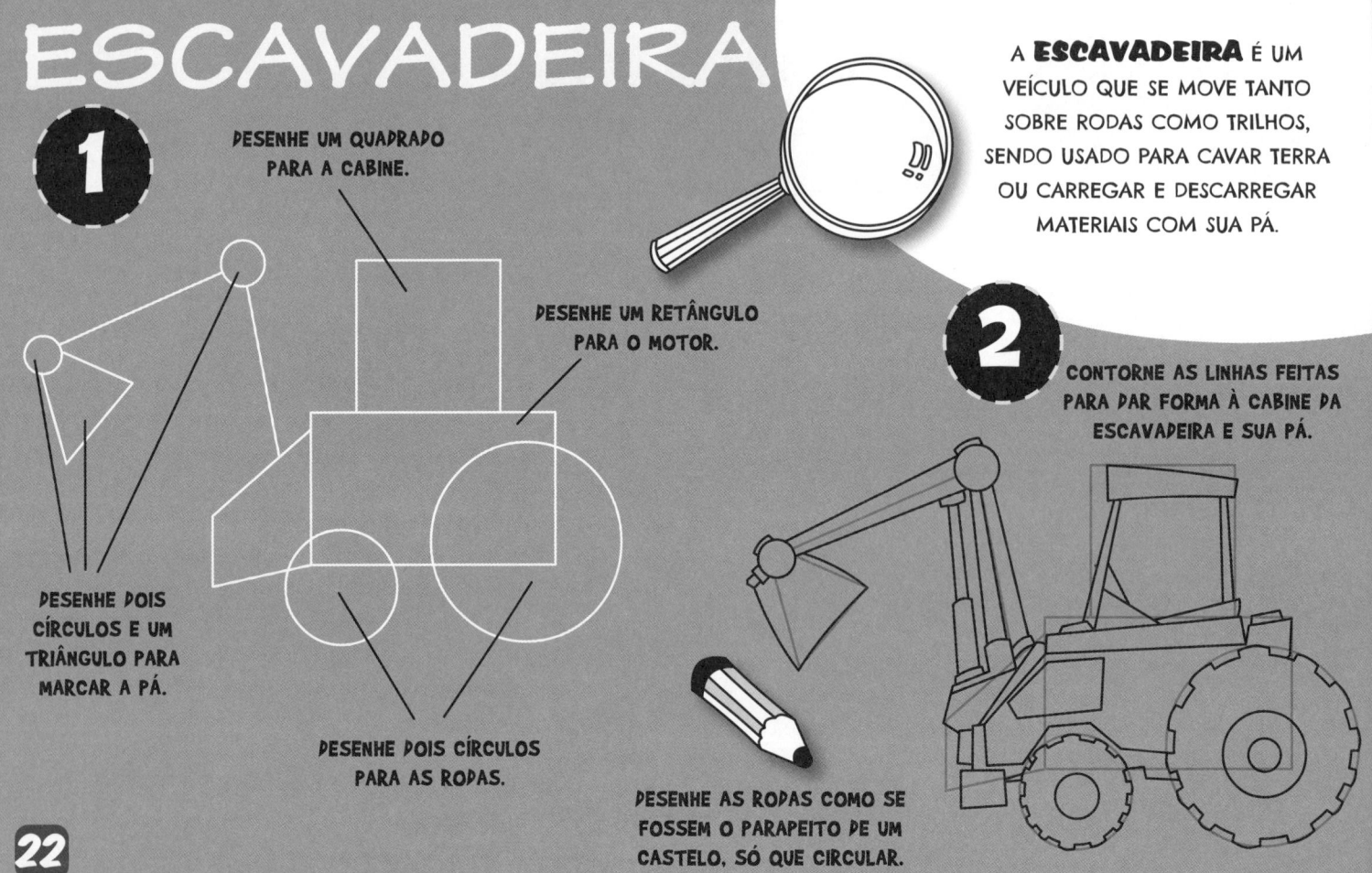

MOTOCICLETA

A **MOTOCICLETA** (OU MOTO) É UM VEÍCULO DE DUAS RODAS, QUE PODE TRANSPORTAR ATÉ DUAS PESSOAS (OU TRÊS, SE TIVER UM *SIDECAR*). EXISTEM MOTOCICLETAS PRÓPRIAS PARA ANDAR EM RODOVIAS OU CIDADES, E GERALMENTE SÃO CLASSIFICADAS DE ACORDO COM SUA CILINDRADA.

1 DESENHE UMA FORMA OVAL PARA MARCAR O FAROL E UM CÍRCULO PARA O CORPO DA MOTO.

TRACE DUAS LINHAS PARA OS AMORTECEDORES.

DESENHE DOIS CÍRCULOS PARA AS RODAS.

2 CONTORNE AS LINHAS FEITAS PARA DAR FORMA À MOTO.

DESENHE AS RODAS, O ASSENTO E O FAROL.

3 DESENHE OS DETALHES.

APAGUE AS LINHAS-GUIAS DO DESENHO.

4 DESENHE A **MOTOCICLETA** E, DEPOIS, PINTE-A.

EM 1867, SYLVESTER HOWARD ROPER INVENTOU A PRIMEIRA MÁQUINA QUE JÁ PODIA SER RECONHECIDA COMO **MOTO**.

VAN

1 DESENHE DOIS RETÂNGULOS: UM PARA A CABINE E OUTRO PARA O CHASSI.

2 CONTORNE AS LINHAS FEITAS PARA DAR FORMA AO VEÍCULO.

DESENHE DOIS CÍRCULOS PARA AS RODAS.

DESENHE AS RODAS, JANELAS E PORTAS.

VAN, OU FURGÃO, É UM VEÍCULO QUE SE DESTINA AO TRANSPORTE DE MERCADORIAS OU GRUPOS DE PESSOAS. GERALMENTE, TEM UMA ÁREA DE CARGA NA PARTE DE TRÁS, MAS, MUITAS VEZES, CONTÉM FILEIRAS DE ASSENTOS.

UMA **VAN** COSTUMA SER MAIS ALTA QUE UM CARRO, E GERALMENTE SEU MOTOR FICA NA PARTE DA FRENTE.

3 DESENHE OS DETALHES: FARÓIS, RODAS, JANELAS, RETROVISOR, ETC.

4 DESENHE A **VAN** E, DEPOIS, PINTE-A.

APAGUE AS LINHAS-GUIAS DO DESENHO.

TECO-TECO

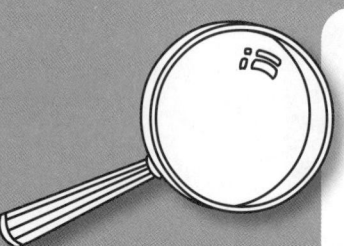

TECO-TECO É UMA AERONAVE PEQUENA OU DE BAIXA POTÊNCIA, SENDO MAIS INDICADO CHAMÁ-LO DE "AVIÃO DE PEQUENO PORTE". ELES SÃO USADOS PARA TRANSPORTAR MERCADORIAS, TIRAR FOTOS NO AR, ETC.

1 DESENHE TRÊS FORMAS OVAIS PARA MARCAR A FUSELAGEM, A CABINE E A CAUDA.

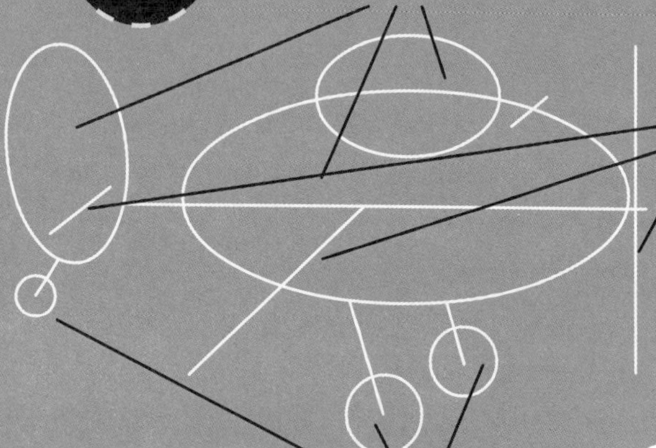

FAÇA TRAÇOS PARA MARCAR A HÉLICE E AS ASAS.

DESENHE TRÊS CÍRCULOS PARA AS RODAS.

2 CONTORNE AS LINHAS FEITAS PARA DAR FORMA À CABINE, ÀS ASAS E À FUSELAGEM.

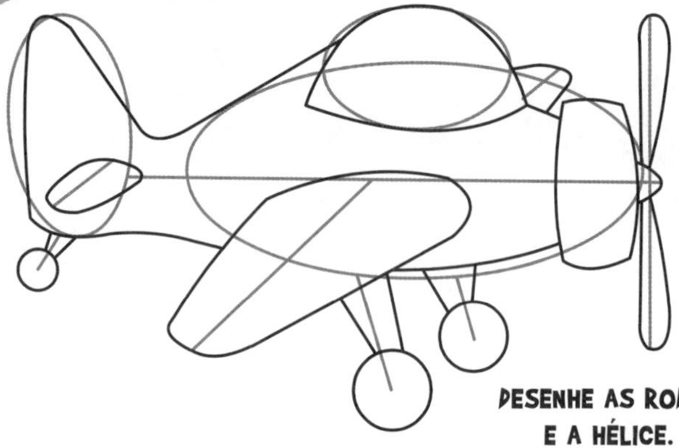

DESENHE AS RODAS E A HÉLICE.

APAGUE AS LINHAS-GUIAS DO DESENHO.

3 DESENHE OS DETALHES.

DIFERENTE DOS AVIÕES DE GRANDE PORTE, O **TECO-TECO** NÃO PRECISA DE UMA PISTA MUITO LONGA PARA POUSAR OU DECOLAR.

4 DESENHE O **TECO-TECO** E, DEPOIS, PINTE-O.

NAVIO-PETROLEIRO

O NAVIO-PETROLEIRO FOI PROJETADO PARA TRANSPORTAR CARGAS LÍQUIDAS. MAIS ESPECIFICAMENTE PETRÓLEO. OS GRANDES PETROLEIROS TÊM VÁRIOS COMPARTIMENTOS E CHEGAM A ALCANÇAR UM MILHÃO DE TONELADA.

1

DESENHE UM RETÂNGULO PARA A CABINE.

TRACE DUAS LINHAS PARA MARCAR A BANDEIRA E O MASTRO.

DESENHE UM RETÂNGULO, CORTADO DE UM LADO, PARA O CASCO.

DESENHE DOIS CÍRCULOS PARA AS CISTERNAS.

2

CONTORNE AS LINHAS FEITAS PARA DAR FORMA À CABINE E AO CASCO.

FINALIZE AS CISTERNAS, A BANDEIRA E O MASTRO.

3

DESENHE OS DETALHES: JANELAS, HÉLICE, ÂNCORA E CHAMINÉ.

APAGUE AS LINHAS-GUIAS DO DESENHO.

4

DESENHE O **NAVIO-PETROLEIRO** E, DEPOIS, PINTE-O.

OUTROS TIPOS DE **PETROLEIROS** TRANSPORTAM GÁS NATURAL OU PRODUTOS QUÍMICOS LÍQUIDOS, VINHO, PRODUTOS REFRIGERADOS...

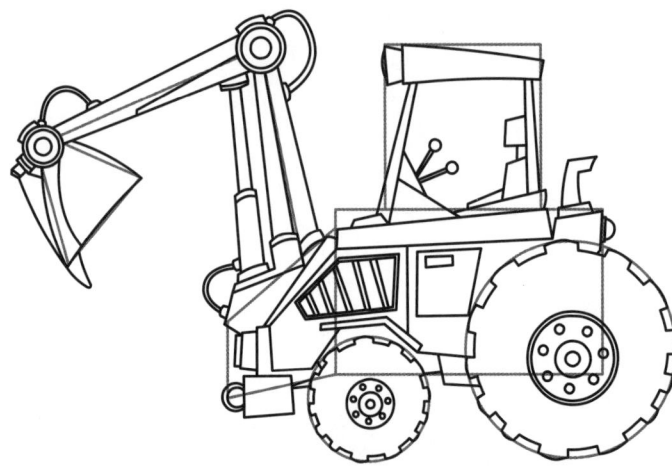

Dados Internacionais de Catalogação na Publicação (CIP) de acordo com ISBD

S964v   Susaeta Ediciones.
           Veículos / Susaeta Ediciones ; traduzido por Paloma Blanca Alves Barbieri. - Jandira, SP : Ciranda Cultural, 2023.
           24 p. : il. ; 22,50cm x 14,00cm. - (Desenho passo a passo).

           Título original: Vehículos.
           ISBN: 978-65-261-0725-6

           1. Literatura infantil. 2. Kit. 3. Lápis de cor. 4. Desenho. 5. Passo a passo. 6. Carros. 7. Trator. 8. Avião. I. Barbieri, Paloma Blanca Alves. II. Título. III. Série.

                                                               CDD 028.5
2023-1154   CDU 82-93

Elaborado por Lucio Feitosa - CRB-8/8803

Índice para catálogo sistemático:
1. Literatura infantil 028.5
2. Literatura infantil 82-93